MEXIQUE

INSTITUTIONS DE CRÉDIT

TRADUCTION

de la Loi du 19 Mars 1897

modifiée

par la Loi du 19 Juin 1908

PARIS

IMPRIMERIE ET LIBRAIRIE CENTRALES DES CHEMINS DE FER

IMPRIMERIE CHAIX

SOCIÉTÉ ANONYME AU CAPITAL DE TROIS MILLIONS

Rue Bergère, 20

1910

MEXIQUE

INSTITUTIONS DE CRÉDIT

TRADUCTION

de la Loi du 19 Mars 1897

modifiée

par la Loi du 19 Juin 1908

PARIS
IMPRIMERIE ET LIBRAIRIE CENTRALES DES CHEMINS DE FER
IMPRIMERIE CHAIX
SOCIÉTÉ ANONYME AU CAPITAL DE TROIS MILLIONS
Rue Bergère, 20
1910

MEXIQUE

LOI DU 19 MARS 1897

modifiée
par la Loi du 19 Juin 1908
régissant
les Sociétés de Crédit Mexicaines

CHAPITRE PREMIER

Des Institutions de crédit et de leur constitution.

ARTICLE PREMIER.

Sont seules considérées comme établissements de crédit aux effets de cette loi :

1° Les banques d'émission;

2° Les banques hypothécaires;

3° Les banques réfactionnaires (Refaccionarios).

Les autres établissements qui se livreront à des opérations de crédit resteront soumis aux lois générales ou aux clauses des contrats de concession qui seront accordés par le pouvoir public, tant que les lois spéciales qui devront les régir ne seront pas édictées.

ART. 2.

Les Établissements de crédit ont en commun le caractère d'intermédiaires dans l'usage du crédit et ils se distinguent entre eux par la nature des titres spéciaux que chaque espèce de banque met en circulation.

Art. 3.

Sont *Banques d'émission* celles qui émettent des billets de valeurs déterminées, et remboursables au pair, à vue et au porteur.

Art. 4.

Les Banques hypothécaires sont celles qui consentent des prêts, sur garantie, de propriétés rurales ou urbaines et émettent des bons qui jouissent de la garantie particulière, portent intérêt et sont amortissables dans des conditions ou à des époques déterminées.

Art. 5.

Sous la dénomination de *Banques Refaccionarios*, sont désignés les établissements ayant pour objet spécial de faciliter les opérations minières, agricoles et industrielles au moyen d'avances privilégiées, mais sans garantie hypothécaire (1), accordant leur garantie pour des opérations déterminées et émettant des titres de crédit à courte échéance, productifs d'intérêt et remboursables à date fixe.

Art. 6.

Il ne pourra être constitué d'établissement de crédit sur le territoire de la République que moyennant une concession spéciale accordée par le pouvoir exécutif de l'Union, dans les formes et conditions déterminées par la présente loi (1).

---

(1) Voir articles 89 et 93 de la loi.

Art. 7.

Il ne pourra être accordé, par une seule et même concession, d'autorisation pour l'établissement de deux institutions de crédit distinctes, ainsi que pour l'émission de divers titres de crédit qui, par leur nature et suivant les articles précédents, correspondraient à des institutions d'espèce différente.

Art. 8.

Pour aucun motif, il ne sera accordé de concessions pour l'établissement d'institutions de crédit, sans que les demandeurs aient déposé auparavant à la trésorerie de la Nation ou à la Banque Nationale du Mexique, des bons de la Dette publique nationale pour une valeur nominale égale à 20 0/0 au moins de la somme que la Banque devra avoir en caisse pour être constituée. Ce dépôt sera restitué aussitôt que la Banque aura commencé ses opérations.

Art. 9.

Les concessions pour l'établissement d'institutions de crédit pourront être accordées à des particuliers ou à des Sociétés anonymes; mais l'exploitation des dites concessions ne pourra être effectuée que par des Sociétés anonymes dûment constituées au Mexique.

Art. 10.

Les concessions accordées à des particuliers seront délivrées au noms de trois personnes au moins, qui devront, dans les quatre mois suivants, prouver la constitution de la Société anonyme destinée à exploiter la concession ainsi que le transfert de la concession à ladite Société.

Art. 11.

Les Sociétés anonymes qui s'organiseront pour effectuer des opérations de crédit devront se conformer aux prescriptions du Code de commerce en tout ce qui n'est pas spécifié dans les paragraphes suivants :

I. — Le nombre des sociétaires ne devra pas être inférieur à sept.

II. — Le capital social ne sera jamais inférieur à un million de pesos.

III. — L'autorisation expresse du Secrétariat des Finances sera nécessaire en ce qui concerne l'augmentation ou la diminution du capital.

IV. — La Société ne pourra être constituée sans que le capital social soit intégralement souscrit et que les cinquante pour cent du capital espèces aient été versés en numéraire.

V. — Le domicile de la Société sera fixé à l'endroit du territoire de la République où sera établi l'établissement principal.

VI. — Les actions seront nominatives tant que le montant n'en aura pas été intégralement versé.

VII. — Le fonds de réserve sera constitué au moyen d'un prélèvement de dix pour cent sur les bénéfices nets annuels jusqu'à ce qu'il atteigne le tiers ou plus, du capital social.

Art. 12.

La durée des concessions ne pourra, en aucun cas, dépasser trente ans, à compter de la date de la présente loi, en ce qui concerne les Banques d'émission et cinquante ans, en ce qui concerne les Banques hypothécaires et « Refaccionarios ». Les concessions n'auront d'autre caractère que celui d'une simple autorisation d'établir et d'exploiter l'institution de crédit dont il s'agira, conformément aux lois qui régissent la matière.

Art. 13.

Les institutions établies en pays étranger, qui émettront des titres de crédit au porteur, ne pourront avoir, sur le territoire de la République, des agences ou succursales pour l'émission ou le service des dits titres.

Art. 14.

Les bases constitutives et les statuts de toute Société qui s'organise, pour l'exploitation des institutions de crédit, seront soumis à l'approbation du Secrétariat des Finances, avant que la Banque ne commence ses opérations, à seule fin de faire cadrer ces bases constitutives et ces statuts avec les règles du Code de commerce, avec les dispositions spéciales contenues dans la présente loi, et avec les autres dispositions administratives de caractère général en matière de banques.

L'obligation qu'impose cet article s'étend à toute modification ultérieure des bases constitutives et des statuts.

CHAPITRE II

Des banques d'émission.

Art. 15.

Les banques d'émission peuvent s'établir et effectuer des opérations dans les États de la République et sur les territoires fédéraux sans autres conditions que celles requises par la présente loi. L'établissement de banques d'émission dans le district fédéral restera soumis aux contrats et dispositions en vigueur.

Art. 16 (1).

L'émission des billets ne pourra dépasser le triple du capital social effectivement versé; en outre, le montant de l'émission, ajouté au moment des dépôts à vue ou à échéance maxima de trois jours, ne pourra dépasser le double de l'existence en caisse des monnaies effectives et des lingots d'or ou d'argent (2).

Art. 17 (3).

Les dispositions de l'article précédent ne s'appliquent

---

(1) Conformément à l'article premier de la loi du 13 mai 1905, l'article 16 doit être interprété comme suit :

« Sont comptées comme dépôts à vue ou remboursables moyennant préavis » ne dépassant pas trois jours, toutes les sommes remises à la Banque pour » être conservées par elle dans ces conditions, à la disposition des intéressés, » et, en outre, les sommes dont n'auraient pas encore totalement ou partiel- » lement disposé les bénéficiaires de prêts accordés par l'établissement et » mentionnés dans les écritures, des pagarès (billets à ordre) ou dans tout » autre document commercial. »

« Le fait pour la Banque de bonifier un intérêt sur les dites sommes, ne » leur enlève pas le caractère de dépôts, aux effets de la dite loi. »

(2) Conformément à l'article 3 de la loi du 13 mai 1905 :

« A dater du 31 mai 1905, ne sont pas considérées comme faisant partie des » existences en caisse, c'est-à-dire comme existences métalliques des Banques » établies dans la République, les barres d'argent que les dites Banques possé- » deront. Les barres d'or ne seront pas comptées comme faisant partie de l'en- » caisse, sauf lorsque la frappe de la monnaie d'or sera libre. Elles seront dans » ce dernier cas évaluées à raison d'une piastre pour chaque poids de 75 cen- » tigrammes d'or pur. »

(3) L'article 17 était, suivant le texte ancien, libellé comme suit : « Aux effets de l'article précédent, ne seront pas comptés comme dépôts exigibles à vue ou sous préavis ne dépassant pas trois jours, les dépôts remis en compte-courant et avec intérêts réciproques ou différents, même lorsque les déposants ont le droit de tirer des chèques sur la Banque. jusqu'à concurrence du montant de leurs dépôts.

pas aux sommes qui, bien qu'exigibles dans les conditions précitées, c'est-à-dire à vue ou moyennant préavis de trois jours au plus, proviennent d'avances faites par l'établissement sur nantissement ou sur garantie hypothécaire, elles ne s'appliquent pas non plus aux dépôts conservés en caisses ou en sacs fermés et cachetés, dont la Banque ne peut disposer et qui ne peuvent être comptés par elle comme encaisse métallique.

Art. 18.

Lorsque le montant des billets en circulation dépassera une quelconque des limites fixées dans l'article 16, la Banque en avisera immédiatement par écrit, le Contrôleur du Gouvernement et suspendra toute nouvelle opération d'avance, jusqu'à ce que le montant des billets en circulation soit de nouveau conforme aux limites fixées par la loi. Si cette condition ne pouvait être réalisée avant quinze jours, le Secrétariat des finances fixera à la Banque un délai raisonnable, qui en aucune façon ne pourra dépasser un mois, afin que celle-ci ramène sa circulation aux proportions légales et cela sous peine de voir sa concession délarée caduque et se voir déclarée en liquidation.

Art. 19.

Le billet de banque a cours entièrement facultatif, et par là même, dans aucun cas son admission n'est considérée comme forcée pour le public.

Art. 20.

Il ne sera mis en circulation que des billets en coupures de 5, 10, 20, 50, 100, 500 et 1.000 piastres.

Art. 21.

Les billets devront mentionner en langue espagnole l'obligation pour la Banque d'en rembourser le montant nominal en espèces, au pair, à vue et au porteur. Les billets porteront également la date de leur émission, l'indication de la série à laquelle ils appartiennent, ainsi qu'un numéro d'ordre et les signatures du contrôleur du Gouvernement, d'un des Directeurs de la banque, du gérant ou du caissier de la banque.

Art. 22.

Le billet de banque n'est pas productif d'intérêts ; il est imprescriptible tant que subsiste l'établissement émetteur. Il ne sera sujet à prescription, — après cinq ans —, que lorsque la Banque sera déclarée en faillite ou entrera en liquidation.

Art. 23.

Les banques d'émission sont tenues de rembourser, aux termes de l'article 21, les billets qu'elles auraient mis en circulation. L'échange devra se faire au bureau central ou aux succursales, sur la présentation du billet, mais les succursales sont uniquement tenues de rembourser les billets mis par elles en circulation.

Les banques d'émission feront périodiquement l'échange des billets appartenant à d'autres banques, et qu'elles ont en leur possession et les soldes se paieront en numéraire, sauf convention spéciale entre les intéressés. Le pouvoir exécutif fixera par un règlement, les bases du change et de la liquidation, et établira en même temps les sanctions correspondantes.

Art. 24.

Le défaut de remboursement d'un billet entraîne une
action exécutive en faveur du porteur, après sommation
préalable faite par intermédiaire d'un notaire et met la
Banque émettrice en état de faillite, sauf dans le cas où
le remboursement aurait été refusé pour cause de falsifi-
cation du billet. La Banque est alors tenue de rendre
compte de ce qui s'est produit au contrôleur du Gouvernement et de porter le fait à la connaissance de l'autorité ·
compétente.

Art. 25.

Les billets constituent des créances sur la banque émettrice et jouissent, en ce qui concerne leur remboursement, d'un droit de préférence sur toutes les créances
exception faite pour :

1° Les créances dites « de propriété », sur les biens,
matière du contrat ou de l'opération, conformément à la
législation civile et au Code de Commerce (1) ;

2° Les créances hypothécaires pour lesquelles l'hypothèque aura été enregistrée antérieuremeut à l'opération
en vertu de laquelle la Banque aurait acquis l'immeuble
hypothéqué.

3° Les créances qui font l'objet de l'article 106 de la
présente loi ;

---

(1) Le texte espagnol est libellé comme nuit : « Los creditos Llamados de
Dominio sobre los bienes materia del contrato o de la operacion, conforme a la
legislacion civil y al Codigo de Comercio. »

Dans le Code de Commerce mexicain, l'expression *Dominio* est employée
dans le sens de « Droit de Propriété ». Les créances visées par le paragraphe 1er
doivent être des créances dérivant d'un droit de propriété et pouvant donner
lieu à l'exercice du droit de revendication.

Art. 26.

Aucun billet ne sera mis en circulation sans le cachet correspondant qui devra être apposé sur ledit billet par le bureau d'imprimerie de la Rente. Cette opération ne sera effectuée que sur un ordre expédié par le Secrétariat des Finances, après qu'il aura été constaté que le nombre de billets présentés est conforme aux limites fixées pour l'émission dans le paragraphe 1er de l'article 16.

Art. 27.

Les banques sont tenues de rembourser les billets détériorés qui leur seront présentés par le public, même lorsqu'ils seront fractionnés, chaque fois que la numération, la série, la valeur et les signatures correspondantes en seront restées intelligibles.

Art. 28.

Les billets usés que la Banque désirera retirer de la circulation, seront anéantis par le feu et dans les conditions prescrites dans les règlements.

Art. 29.

Il est interdit aux Banques d'émission :

1° De faire des opérations de prêts et d'escompte ou négocier du papier commercial quand le terme de l'échéance dépasse six mois;

2° D'escompter des pagarès ou d'autres papiers de commerce sans au moins deux signatures de solvabilité reconnue, ou sans aucune garantie collatérale;

3° De faire des prêts garantis sur hypothèques, sauf dans les cas prévus à l'article suivant;

4° De faire des opérations de prêts sans la garantie d'un gage suffisant, avec les personnes ou sociétés qui n'auraient pas de domicile ou d'affaires importantes dans les États ou territoires où les Banques ont leur siège principal, leurs succursales, ou leurs agences expressément autorisées par le Secrétariat des Finances. Il est fait exception pour les opérations entre Banques.

5° D'hypothéquer leurs propriétés et de donner en gage leur portefeuille ;

6° De donner leurs billets en gage ou dépôt et de contracter des obligations sur ces billets.

7° D'accepter des traites ou billets à découvert et d'ouvrir des crédits non révocables au gré de la Banque ;

8° De prendre ferme des émissions d'actions ou de bons, en quantité excédant de 10 0/0 le montant du capital versé et des réserves de la Banque au moment de l'opération.

Ne sont pas compris dans cette limitation les titres de la dette fédérale, ni ceux dont le capital ou les revenus sont garantis par la Fédération.

9° D'exploiter pour leur propre compte des mines, des établissements métallurgiques ou de commerce, industriels ou agricoles, d'entrer dans des Sociétés en nom collectif ou en commandite, à moins de circonstances analogues à celles prévues dans l'art. 100, et dans lesquelles on procèdera comme il est indiqué dans l'art. 101.

10° De faire des opérations d'assurances.

11° D'accepter des responsabilités directes, indirectes ou en participation, d'une seule personne ou Société, quand ensemble elles dépassent 10 0/0 du capital effectivement payé de l'Établissement. Sont exceptées les opérations de réescompte entre Banques.

Art. 30.

Les banques d'émission ne pourront accepter de garantie hypothécaire que :

1° Lorsque diminuera le crédit dont jouit quelqu'une des maisons ayant souscrit les obligations qu'elle possède.

2° Quand le Secrétariat des finances l'autorisera d'une façon expresse. Cette autorisation ne pourra être concédée qu'à la condition que le montant total des hypothèques souscrites en faveur de la Banque n'excède pas le 1/4 du capital effectivement versé et que les obligations garanties viennent à échéance dans un délai au plus égal à deux ans.

En aucun cas les Banques ne pourront octroyer de nouveaux délais à leurs débiteurs, lorsque viendront à expiration les crédits hypothécaires accordés comme il est dit dans les articles précédents. Les Banques jouiront d'un délai d'un an à partir de l'échéance pour faire valoir leurs droits et procéder à la réalisation de la garantie hypothécaire.

Art. 31.

Passée l'échéance d'un prêt consenti sur la garantie de titres de la dette publique de la Fédération, des Etats et des municipalités, d'actions ou d'obligations de sociétés commerciales et en général sur la garantie de valeurs mobilières, la Banque pourra vendre ces titres ou valeurs par l'entremise de courtiers assermentés, ou à leur défaut, par l'entremise de deux commerçants domiciliés sur la place et qui certifieront que la vente a été effectuée au prix courant du jour.

A prix égal, la Banque pourra acquérir les titres ou valeurs, en faisant constater ledit prix par les courtiers ou commerçants qui interviendront dans l'opération.

Pour que les banques jouissent du droit de préférence que le contrat d'hypothèque accorde au créancier hypothécaire, avant tout autre créancier, il suffira que les valeurs constituant le gage aient été mentionnées dans le document servant de titre de crédit.

Art. 32.

Dans le cas où la garantie serait constituée par des factures à encaisser, la Banque pourra en faire l'encaissement pour son compte; si cette garantie est constituée par des factures de marchandises à recevoir, la Banque prendra livraison de ces marchandises et procédera à leur vente aux enchères.

Art. 33.

Lorsque par suite d'une baisse, le prix des titres donnés en garantie ne suffirait pas à couvrir le montant de la dette augmentée de 10 0/0, les débiteurs seront tenus d'augmenter la garantie dans les trois jours de la requête qui leur en aura été adressée par écrit par la Banque, cette dernière étant tenue d'adjoindre à la requête, l'avis conforme des courtiers titulaires. Dans le cas où la garantie ne serait pas augmentée, la Banque sera autorisée à procéder à la vente ou à la mise aux enchères du gage, suivant les cas, commé si le terme du prêt était échu.

Art. 34.

Dans le cas où le gage serait constitué par des actions ou titres nominatifs, le transfert en sera effectué au nom de la Banque lors de la signature du contrat relatif à l'opération et la Banque remettra à l'intéressé un récépissé constatant le but unique et exclusif du transfert.

Art. 35.

Lorsque le produit de la vente des titres ou effets donnés en garantie ne sera pas suffisant pour rembourser intégralement la Banque de sa créance et des intérêts, elle pourra poursuivre le débiteur pour la différence. Au contraire, lorsque le produit de la vente présentera un excédent, la Banque en remettra le montant au débiteur, déduction faite des frais de mise aux enchères ou de vente.

Art. 36.

Les Banques d'émission qui, conformément aux facultés qui leur sont concédées par la présente loi, se verraient dans le cas de réaliser les garanties hypothécaires qui leur ont été accordées, jouiront des privilèges et franchises qui font l'objet des articles 78 et suivants.

Art. 37.

Aucun particulier, aucune Société ne pourra émettre de mandats, de billets à ordre, ainsi que tout autre effet contenant une promesse de paiement en espèces, au preteur et à vue, sans y avoir été autorisé dans les termes de la présente loi. Les effets qui seraient émis, en violation de cette prohibition, n'entraîneront aucune action civile, et le remboursement n'en sera pas exigible devant les tribunaux.

Art. 38.

Les Banques qui s'établiraient dans les États ou sur les Territoires fédéraux ne pourront avoir de succursales ou d'agences pour échanger leurs billets, en dehors des dits Territoires, sans autorisation spéciale du Pouvoir exécutif.

Cette autorisation ne pourra leur être accordée que lorsqu'il y aura une étroite communauté d'intérêts commerciaux entre divers États, ou entre ces États et les Territoires. L'établissement des dites succursales ou agences dans le district fédéral ne pourra être admis pour aucun motif.

Art. 38 bis.

Les Banques d'émission pourront en tout temps être converties en Banques réfactionnaires, en renonçant aux droits spéciaux que la loi leur confère, pourvu qu'elles aient à ce sujet l'autorisation du Secrétariat des Finances. Ce dernier veillera à ce que la concession soit refondue dans les termes exigés par le nouveau caractère de la Banque, et établira les règles nécessaires pour retirer et garantir les billets en circulation.

<h1 align="center">CHAPITRE III</h1>

Des Banques hypothécaires.

Art. 39.

Les prêts avec garantie hypothécaire que les Banques dont il est question dans ce chapitre, sont autorisées à faire, sont de deux sortes :

1° Prêts à intérêt simple payable à échéance fixe et capital remboursable à court terme ;

2° Prêts remboursables à long terme, moyennant des annuités qui comprennent les intérêts, la partie du capital qu'on amortit et la commission de la Banque.

3

Art. 40.

Les prêts à court terme sont ceux qui doivent être remboursés en une ou plusieurs fractions, mais toujours dans un délai inférieur à dix ans.

Art. 41.

En ce qui concerne les prêts remboursables par annuités, le nombre de ces dernières ne devra pas être inférieur à dix, ni supérieur à quarante, que l'encaissement en soit effectué par trimestre, semestre ou année.

Art. 42.

Les Banques feront dresser, pour être portés à la connaissance du public, les tableaux d'amortissement correspondant aux diverses catégories d'opérations de prêt qu'elles effectueront ; un exemplaire de ces tableaux sera joint aux contrats correspondants.

Art. 43.

L'hypothèque devra toujours être constituée en premier rang, soit parce que l'immeuble n'aurait pas été déjà hypothéqué, ou soit, dans le cas où il aurait été déjà hypothéqué, que la préférence corresponde au nouveau prêt par subrogation ou en vertu du consentement formel des créanciers privilégiés ou par quelque autre moyen autorisé par la loi.

Art. 44.

Le prêt hypothécaire ne dépassera jamais la moitié de la valeur des biens donnés en garantie. L'annuité correspondante à payer par suite de l'opération, dans le cas visé par le paragraphe 2 de l'article 39, ne devra jamais être supérieure au produit du capital représenté par l'immeuble, ce produit étant évalué au taux d'intérêt fixé par les statuts.

Art. 45.

Aux effets de l'article précédent, la valeur des biens qu'il s'agit d'hypothéquer, sera fixée par des experts nommés par la Banque, dans le cas où il n'y aurait pas d'évaluations cadastrale effectuée dans les formes légales et où le secrétariat des Finances n'aurait pas autorisé les Banques à s'en rapporter à ladite évaluation cadastrale.

Art. 46.

Ne sont acceptés en garantie hypothécaire que les immeubles ruraux ou urbains, situés dans les États, le district fédéral ou les territoires où la Banque aura son établissement principal ou des succursales et lorsque la propriété de l'immeuble dont il s'agit, sera inscrite sur le registre officiel respectif, au nom de la personne qui constitue la garantie.

Art. 47.

Ne seront pas acceptés en garantie, les immeubles indivis, ni ceux dont la nue propriété et l'usufruit appartiendront à des personnes différentes, à moins du consentement formel de tous les co-propriétaires et, le cas échéant, de l'usufruitier. La même condition est indispensable de la part de tous les intéressés dans tous les autres cas où le droit de propriété serait démembré en faveur de diverses personnes, ainsi que dans le cas où il y a pacte de rétrovente.

Art. 48.

Les banques ne pourront pas accepter d'hypothèque sur les mines, bois, meubles immobilisés et temples ainsi que sur des propriétés affectées spécialement à quelque service public de la Fédération, des États ou des municipalités.

Art. 49.

La limite fixée pour les prêts par l'article 44 sera réduite à trente pour cent de la valeur des biens lorsque les constructions de l'immeuble hypothéqué représenteront plus de la moitié de la valeur, sauf dans le cas où le propriétaire contracterait l'obligation de les assurer pendant toute la durée du prêt pour un prix supérieur au montant de l'hypothèque. Dans ce dernier cas, la Banque pourra, à défaut du débiteur et aux frais de celui-ci, payer les primes et proroger l'assurance pour toute la durée nécessaire. La Banque aura toujours sur le montant de l'assurance un droit de préférence sur tout autre créancier.

Art. 50.

L'ensemble des sommes prêtées sur hypothèque ne devra jamais dépasser vingt fois le montant du capital effectivement versé de la banque prêteuse, et le montant des prêts consentis à une même personne ou Société ne devra jamais dépasser le cinquième dudit capital social.

Art. 51.

Les prêts hypothécaires peuvent être remboursés avant le terme fixé, chaque fois que le paiement sera effectué au moyen des espèces convenues et que seront remplies les conditions du contrat relatives à la dénonciation au remboursement anticipé ou au paiement des intérêts. Le remboursement partiel sera soumis aux règles et limitations stipulées par les statuts de chaque banque.

ART. 52.

Lorsque les immeubles hypothéqués subissent une dépréciation telle que le montant du crédit auquel ils servent de garantie ne soit plus couvert par la moitié, ou, selon le cas, les trente pour cent de leur valeur, la Banque créditrice pourra, en s'appuyant sur le dire de deux experts, nommés l'un par la banque elle-même, et l'autre par le Commissaire du Gouvernement, demander que le débiteur augmente l'hypothèque jusqu'à couvrir la différence, ou considérer le terme comme échu et exiger le remboursement immédiat du capital non versé et des revenus échus. Quand la notification a été faite au débiteur, celui-ci a le droit de choisir, et soit de donner la garantie complémentaire nécessaire, soit de faire le remboursement. Il dispose pour cette option d'un délai de trois mois, à compter du jour de la notification.

ART. 53.

Les payements que les débiteurs ont à faire à une banque, soit en capital, soit en intérêts, ne peuvent, pour aucun motif, faire l'objet d'un ordre de rétention, même si pour obtenir cet ordre, les intéressés s'adressent à l'autorité judiciaire, dans les cas et formes autorisés par les lois.

ART. 54.

Faute de paiement des intérêts ou de l'amortissement du capital, dans la forme et aux dates stipulées, la Banque acquiert le droit de considérer le terme comme échu, et de procéder en conséquence au recouvrement de la partie non remboursée du capital, ou des intérêts, conformément aux articles 78 et suivants.

Art. 55.

La valeur nominale des obligations hypothécaires que les banques sont autorisées à émettre n'excédera jamais le montant des prêts que les banques auront effectués contre garanties hypothécaires.

Art. 56.

Les obligations hypothécaires porteront un intérêt dont le taux, la jouissance, et le mode de paiement seront déterminés par les banques elles-mêmes, soit statutairement, soit par décision de leurs administrateurs.

Art. 57.

Les obligations auront une valeur de cent, cinq cents et mille pesos, et seront transmissibles par simple tradition ou par endos, suivant qu'elles seront au porteur ou nominatives.

Art. 58.

Peuvent être émises des obligations hypothécaires sans délai fixe pour l'amortissement, ou exigibles à date déterminée.

Les obligations émises sans délai fixe, seront remboursables par voie de tirage au sort.

Art. 59.

Une autorisation spéciale du Secrétariat du Ministère des Finances est nécessaire pour émettre des obligations hypothécaires donnant droit non séulement au remboursement du capital, et paiement des intérêts, mais encore à des lots en numéraires ou en valeurs.

Art. 60

Il devra être indiqué en langue espagnole sur les obligations toutes les conditions de leur émission et celles qui servent à les identifier, de même que les conditions relatives aux intérêts et à l'amortissement du capital. Ces titres seront signés par le Commissaire du Gouvernement, par un des membres du Conseil d'administration de la Banque, et par le directeur ou le caissier et porteront sur le revers le texte des articles concernant les droits et obligations attachés auxdits bons.

Art. 61.

Les tirages au sort auront lieu au moins deux fois l'an, et chaque fois on devra amortir un nombre d'obligations suffisant pour que la valeur nominale de celles qui doivent rester en circulation ne dépasse, en aucun cas, le montant liquide des créances hypothécaires que la Banque possède.

Art. 62.

On annoncera dans le journal officiel du pays, ou, s'il n'y en a pas, dans l'un des journaux les plus répandus de la région, au moins huit jours à l'avance, le lieu, la date et l'heure du tirage au sort.

Art. 63.

Les tirages au sort seront publics et présidés par le Commissaire du Gouvernement. Un notaire public assistera aux tirages, il en dressera acte et en fera l'objet d'un procès-verbal.

Les numéros des obligations sorties au tirage, et la date
à partir de laquelle elles pourront être présentées au
remboursement seront publiés dans les journaux dont il a
été question plus haut, dans les huit jours qui suivront
le tirage au sort.

Art. 64.

Les obligations désignées par le tirage au sort pour
être amorties, cesseront de porter intérêt à partir de la
date fixée pour leur recouvrement. Cette date sera fixée
au moins un mois après le tirage.

Art. 65.

En outre des tirages au sort ordinaires, les banques
peuvent faire des tirages extraordinaires, toutes les fois
qu'elles le jugent convenable, et que leurs statuts l'exigent.
Elles se soumettront alors aux règles établies pour les
tirages ordinaires.

Art. 66.

Les obligations présentés au remboursement seront
annulées immédiatement, dès le paiement fait. On procédera périodiquement, en présence du Commissaire du
Gouvernement, et avec toutes les formalités légales, à la
destruction des dites obligations.

Art. 67.

Quand les obligations émises par les banques rentrent
en leur possession, par le fait de remboursement de prêts
ou par d'autres motifs, ces obligations ne sont pas considérées comme hors de la circulation, pour les effets de
l'article 61, tant qu'elles ne sont pas amorties en due forme.

Art. 68.

Les obligations hypothécaires sont émises en représentation des créances que la Banque détient, avec garantie hypothécaire, par suite des prêts qu'elle a consentis et, en conséquence, ces obligations, avec leurs intérêts et primes éventuelles, jouiront de la garantie des créances hypothécaires, avec droit de préférence absolue sur tous autres droits des tiers.

Art. 69.

La garantie dont parle l'article antérieur est collective.

L'ensemble des propriétés hypothéquées en faveur de la banque garantit la totalité des obligations hypothécaires mises en circulation par le même établissement, sauf·les dispositions de la fin de l'art. 76. Les porteurs d'obligations pourront seuls actionner la Banque.

Art. 70.

Dans toutes les Banques hypothécaires, un fonds de garantie spéciale, pour le service des obligations hypothécaires, sera constitué en espèces effectives. Ce fonds sera constamment supérieur au montant d'un semestre d'intérêt des obligations en circulation.

Art. 71.

Les obligations hypothécaires jouiront, de même, des privilèges suivants :

1° Un droit de préférence sur les fonds de réserve et de garantie de la Banque émettrice, de même que sur le capital versé ou non versé ;

2° Le capital, l'intérêt et les primes des obligations quand ils sont exigibles, donnent droit à une action exécutoire en justice, après requête préalable faite par l'entremise d'un notaire ;

3° Le paiement du capital et des intérêts ne pourra pas être empêché, même par ordre de justice, excepté dans les cas de perte ou de vol des titres, et avec les formalités légales préalables ;

4° Dans tous les cas où, légalement ou par contrat, on doit employer les fonds de corporations ou d'incapables, en achats d'immeubles ou en prêts sur hypothèques, ces fonds pourront aussi être employés à l'acquisition d'obligations hypothécaires.

Art. 72.

Nonobstant leur nature, les obligations hypothécaires doivent être considérées comme biens meubles en tout ce qui se rapporte à leur transmission, et, quand elles auront été émises en faveur de personnes déterminées, elles seront assimilables aux valeurs de commerce susceptibles d'endossement.

Art. 73.

En plus des prêts sur hypothèque et de l'émission des obligations correspondantes, les Banques hypothécaires peuvent faire les opérations suivantes :

1° Employer leurs fonds en acquisitions de leurs propres obligations hypothécaires ou d'autres titres ou valeurs de premier ordre, — étant considérés comme tels, ceux que mentionne l'article 102 *bis* de la présente loi ;

2° Faire des prêts à moins de six mois d'échéance avec garantie des mêmes titres ou valeurs ;

3° Recevoir des dépôts en compte courant avec ou sans intérêt ;

4° Endosser, acheter, vendre et escompter des lettres de change, mandats ou chèques payables dans la République ou à l'étranger, à moins de six mois d'échéance ;

5° Vendre, acheter ou recevoir, à commission, directement, ou par le moyen de leurs agents, toutes espèces de valeurs ;

6° Prêter avec les garanties convenables, les obligations hypothécaires qu'elles ont 'n portefeuille, afin que celui qui les reçoit puisse s'en servir comme caution ou moyen de crédit ;

7° Faire des prêts ou avances pour travaux et entreprises d'améliorations publiques en passant avec le Gouvernement fédéral, avec les Gouvernements des États ou avec les communes des contrats particuliers.

Art. 74.

Pour les placements de fonds et les prêts dont parlent les paragraphes 1 et 2 de l'article précédent, il est indispensable qu'il ne s'agisse pas de valeurs minières, que les valeurs soient cotées sur quelques uns des marchés du pays ou sur les principaux marchés de l'étranger et qu'elles aient produit des dividendes ou intérêts dont le service ait été fait avec régularité au moins pendant les deux années antérieures à la date de l'opération.

Art. 75.

Les Banques hypothécaires ne peuvent recevoir des dépôts qu'autant que le montant de ces dépôts n'excède pas le double du capital versé et du fonds de réserve.

Les mêmes Banques auront toujours en espèces la moitié au moins du montant de leurs dépôts exigibles à vue ou dans un délai inférieur à trois jours.

L'autre moitié pourra consister en valeurs immédiatement réalisables ou négociables et en documents escomptables, d'échéance au plus égale à six mois, ces derniers ne dépassant pas le quart du montant total desdits dépôts.

. Le fonds de garantie auquel se réfère l'article 70 de la présente loi ne sera pas considéré comme faisant partie du numéraire exigé par le présent article pour former la garantie des dépôts.

Art. 76.

Le capital et les intérêts des prêts faits au gouvernement de n'importe quel État de la Fédération et aux Municipalités, aux fins de l'article 73, paragraphe 7, devront être dûment garantis, soit par hypothèque prise sur des biens qui ne sont pas visés à l'article 48, soit par des impôts affectés spécialement à leur paiement, soit enfin par les titres ou valeurs qui sont émis dans le but d'effectuer les travaux dont il s'agit.

En tous cas, le contrat doit être soumis à l'approbation du Secrétariat des Finances lequel déterminera si les obligations hypothécaires que la Banque émet pour le montant de ces prêts, ont à partager les mêmes privilèges que toutes les autres, ou si elles jouiront seulement du droit de préférence quant aux biens et valeurs constituant la garantie, et non quant aux autres biens hypothéqués en faveur de la Banque.

Art. 77.

Il est interdit aux Banques hypothécaires d'émettre des billets de banque ou tout autre document payable à vue et au porteur.

Art. 78.

Pour réaliser la garantie hypothécaire, en cas de non-paiement du capital ou des intérêts dans les termes stipulés, les Banques ont le droit, moyennant avis préalable et notarié, de cinq jours au moins, de recourir au juge compétent et d'obtenir, sur la seule présentation du contrat dûment enregistré, la mise en possession provisoire de la propriété hypothéquée ou un arrêt qui autorise la mise sous séquestre. Dans ce dernier cas, le séquestre sera nommé par la banque créditrice et il sera dégagé de l'obligation de fournir caution.

Art. 79.

L'arrêt qui décrète la possession provisoire ou la mise sous séquestre en faveur d'une banque, sera publié dans le *Journal Officiel*, et inscrit sur le registre public correspondant, et aura les mêmes effets légaux que ceux attribués à la cédule hypothécaire par la législation du district fédéral. A cette même législation seront soumis les pouvoirs et obligations du séquestre.

Art. 80.

Dans les huit jours qui suivent la date de l'arrêt qui décrète la possession provisoire ou la mise sous séquestre, le débiteur est admis à justifier le payement de ce qui lui est réclamé, ou l'accomplissement des stipulations dont la violation a pu donner lieu à la procédure, mais on n'admettra pas d'autre preuve que le reçu par écrit de la Banque elle-même.

Passé le délai prescrit, sans que la preuve ait été produite, le juge ordonnera que les arrêts soient rendus en faveur de la Banque, afin que celle-ci puisse procéder à la vente de la propriété hypothéquée.

Art. 81.

Les ventes auront toujours lieu dans les locaux de la banque créditrice, en présence du Commissaire du Gouvernement et avec l'assistance d'un officier public. Les mises en vente publiques seront annoncées dans le *Journal Officiel* et dans un autre journal à grand tirage du lieu, avec les délais que fixent les statuts de la banque; ces délais ne seront en aucun cas supérieurs à neuf jours.

Art. 82.

Dans les ventes, le prix d'acquisition, moyennant payement comptant, devra être au moins égal aux deux tiers du prix qui a servi de base à la vente et devra à la fois couvrir la créance de la banque en principal, intérêts et frais.

Le montant de l'évaluation à dire d'experts, qui aura servi à établir le montant du prêt, servira aussi, sauf conventions contraires, de prix de base à la vente.

Art. 83.

S'il n'y a pas d'enchères, la Banque pourra s'adjuger le bien pour les deux tiers du prix; mais en cas où se produirait une enchère non recevable, faute de ne pas couvrir la créance et les frais accessoires, mais couvrant les deux tiers du prix, l'adjudication ne pourra être faite que pour le montant total de la créance.

La Banque aura le droit, si l'adjudication ne lui convient pas, ou faute d'acquéreur, de procéder à de nouvelles mises en vente, moyennant un avis préalable, et moyennant pour chacune des ventes un escompte de 10 0/0 sur le prix de base de la précédente.

Dans toute vente, la Banque aura le droit d'adjudication en sa faveur dans les termes indiqués.

Art. 84.

Pour l'obtention du contrat de vente en faveur d'un acquéreur, ou d'adjudication en faveur de la Banque, on remettra au juge instructeur de l'affaire les jugements, accompagnés de la copie de l'acte de vente, certifiée par le notaire qui aura assisté à cette vente et le juge transmettra ces documents au notaire que désignera l'acquéreur, ou la banque, à l'effet de passer le contrat de vente, en stipulant au débiteur, en temps utile, un délai de dix jours au plus pour signer ledit contrat. Si, passé ce délai le débiteur n'a pas donné sa signature, celle du juge en tiendra lieu.

Art. 85.

Tous les frais judiciaires, les frais de séquestre, et ceux qui sont causés par la procédure nécessaire à la réalisation de l'hypothèque, seront à la charge du débiteur.

Si ce dernier accepte dans l'acte de vente le compte de frais qui à cet effet devra être mis sous ses yeux et apparaître quant à son montant dans ledit acte, ce compte de frais sera réputé approuvé et le débiteur perdra tout droit de réclamer ultérieurement.

Si le débiteur refuse le compte de frais, l'incident sera réglé par voie judiciaire, sans que cette opposition empêche la rédaction du contrat de vente, et la Banque attendra la solution de l'incident.

Art. 86.

Les banques hypothécaires ne sont pas tenues de fournir de caution dans les cas où les lois en prescrivent le dépôt préalable en matière de procédure judiciaire.

Art. 87.

On n'admettra aucun droit de possession ou de préférence sur la propriété hypothéquée en faveur de la Banque, à moins que, pour justifier ces droits, il soit produit des contrats enregistrés en due forme, antérieurement aux inscriptions de la Banque. La Banque ne sera pas obligée à entrer en concours hypothécaire pour obtenir le payement de ses créances.

Les autres créanciers, de quelque classe qu'ils soient, n'auront pas d'autre droit que d'exiger de la Banque qu'elle leur livre le surplus du prix des biens vendus ou rachetés, après qu'elle aura couvert entièrement ses créances.

CHAPITRE IV.

Bancos Refaccionarios.

Art. 88.

Les Banques réfactionnaires peuvent se livrer aux opérations suivantes ;

I. — Faire des prêts en espèces *pour trois ans au maximum*, aux entreprises agricoles, minières et industrielles, ces prêts devant être employés à des payements de journées de travail, à l'achat de semences, de matières premières, d'appareils ou de machines, ou bien en frais d'administration ou de conservation.

Le terme de ces prêts ne peut être prorogé;

II. — Prêter leur garantie pour faciliter l'escompte ou

la négociation de pagarès, ou obligations, exigibles à un délai maximum de six mois ;

III. — Émettre des bons de caisse portant intérêt et remboursables dans un délai de trois mois au moins et trois ans au plus.

Art. 89.

Les contrats de prêts dont parle le paragraphe 1er de l'article 88, exprimeront l'objet de l'opération et seront consignés par écritures publiques sur le registre des hypothèques correspondant au lieu où résident les propriétaires de l'entreprise au sujet de laquelle le prêt aura été fait.

Le montant desdits prêts ne pourra dépasser quinze pour cent de la valeur des propriétés « réfactionnées », valeur qui sera fixée par des experts nommés à cet effet par la Banque.

Les Banques réfactionnaires qui font des prêts dont il est question dans cet article, devront veiller à ce que le montant de ces prêts soit intégralement affecté aux objets déterminés dans l'acte, sous peine de perdre le bénéfice du privilège qui leur est octroyé — par rapport aux charges hypothécaires antérieures — par l'article 91 de la présente loi.

Art. 90.

Quand le prêt sera fait à une entreprise minière, les conditions suivantes seront de plus indispensables :

1° Recueillir les preuves que la propriété de la mine est enregistrée en faveur de l'emprunteur, et que le fonds dont il s'agit a satisfait aux impôts légaux ;

2° Que les experts nommés par la Banque jugent que d'après les minerais en vue, et d'autres conditions de l'affaire, le prêt pourra être remboursé avec ses intérêts dans le délai stipulé ;

3° Que la Banque établisse une rigoureuse surveillance, afin de s'assurer que les capitaux prêtés ont été affectés à leur destination et afin de percevoir avec sécurité tous les produits de l'exploitation, sur lesquels doivent être payés les frais de l'entreprise, et par préférence, l'impôt minier.

Art. 91.

En tout cas les prêts de la Banque seront considérés comme frais de conservation et d'administration de l'établissement pour les effets de l'article 1934 (1), paragraphe 2 du Code Civil du District fédéral qui en matière de prêts réfactionnaires sera applicable dans toute la République,

Art. 92.

Les droits de préférence dont il s'agit dans l'article précédent ne s'éteindront pas si le contrat d'emprunt passe aux mains d'un tiers, quel que soit l'acte ou contrat translatif de propriété.

Art. 93.

En plus des prêts réfactionnaires auxquels se rapportent les articles précédents, les banques réfactionnaires pourront consentir aux propriétaires des entreprises agricoles ou

---

(1) Article 1934 du Code Civil :
Seront payés dans l'ordre suivant, sur le prix de tout bien fonds hypothéqué :

1° Frais de justice ;

2° Frais de conservation et d'administration de la chose hypothéquée ;

3° Frais d'assurance de la dite chose ;

4° Contributions dues pour la chose depuis les cinq dernières années ;

5° Créances hypothécaires, selon la date de leur inscription respective, et en comprenant dans le paiement le revenu des cinq dernières années.

industrielles, ou à ceux qui les exploitent, *des prêts à terme maximum de deux ans*, avec garantie constituée par les produits, récoltes, matières premières, troupeaux, appareils, machines ou ustensiles.

Dans cette catégorie de prêts, il n'est pas nécessaire que le gage soit livré à la Banque, mais il peut demeurer au pouvoir du débiteur qui sera toujours considéré comme dépositaire, sans préjudice du droit qu'a la Banque de constituer, dans les délais fixés par ses statuts, une intervention spéciale dans la négociation dont il s'agit.

Art. 94.

Le montant total des prêts visés aux articles 89 et 93 ne dépassera pas les deux tiers de la somme que représente le capital social effectivement versé augmenté du montant des bons de caisse en circulation.

Art. 95.

Les contrats de prêts sur gage auxquels se rapporte l'article 93, seront inscrits sur le registre des hypothèques du lieu où est située la propriété, afin de conférer aux prêts, à partir de la date de l'enregistrement, et pour tout ce qui a trait au gage, un droit de préférence sur toute autre créance postérieure, fût-elle même hypothécaire.

Art. 95 *bis*.

Pour réaliser la créance réfactionnaire, les prescriptions des articles 78 à 86 relatifs aux Banques Hypothécaires seront appliquées aux Banques réfactionnaires dans le cas où il y aurait défaut de paiement du capital ou des intérêts dans les termes stipulés.

Art. 96.

Sont applicables aux contrats de prêts sur gage passés par les Banques réfactionnaires, les règles établies pour les Banques d'émission dans les articles y relatifs.

Art. 97.

Le montant des bons de caisse en circulation ne pourra excéder à tout moment le double du montant du capital social effectivement payé. Le capital et les intérêts desdits bons auront sur toute autre créance, pour leur paiement, la même préférence que celle que l'article 25 de cette loi établit pour les billets de banque.

Art. 97 *bis*.

Les Banques réfactionnaires sont tenues de conserver dans leur caisse, en espèces, 40 0/0 au moins du montant des dépôts à vue ou à moins de trois jours de vue, en leur possession; avec faculté de remplacer la moitié des espèces, c'est-à-dire des 40 0/0, en valeurs immédiatement réalisables. Les 60 0/0 restants seront garantis par des documents escomptables à moins de six mois d'échéance.

Art. 98.

Il est interdit aux Banques réfactionnaires :

1° D'émettre des billets de banque;

2° De donner des bons de caisse en gage ou dépôt et de contracter sur ces bons des engagements;

3° De faire des opérations auxquelles se rapportent les paragraphes 1, 2, 3, 4, 5, 9, 10 et 11 de l'article 29 de cette loi, sauf les réserves indiquées dans les mêmes paragraphes.

CHAPITRE V

Dispositions communes à toutes les banques.

Art. 99.

L'établissement de succursales et agences en dehors de l'État, du district fédéral ou du territoire où la Banque aurait son domicile, sera régi par la concession y relative, sous réserve des exceptions consignées dans l'art. 38 de cette loi, au sujet des Banques d'émission.

Art. 100.

Il est interdit aux institutions de crédit d'acquérir à quelque titre que ce soit, des biens fonds, à l'exception de ceux qui sont nécessaires à l'établissement des bureaux ou dépendances, et de ceux qu'elles seraient dans la nécessité de s'adjuger ou de recevoir en recouvrement d'intérêts, ou en exécution de droits à elles conférés par des opérations arrivant à leur terme.

Art. 101.

Dans les cas d'exception de l'article précédent, les Banques sont obligées de réaliser, dans l'espace de trois ans si elles sont hypothécaires, ou de deux ans si elles sont banques d'émission ou réfactionnaires, les immeubles qu'elles auraient été dans la nécessité d'acquérir.

Si à l'expiration de ces délais, le transfert de la propriété n'a pas eu lieu, le Ministère des Finances fera vendre les immeubles aux enchères publiques.

Art. 102.

Les institutions de crédit ne pourront acheter leurs propres actions, ni pratiquer aucune opération sur la garantie desdites actions.

. Art. 102 *bis*.

Aux effets de la présente loi, on doit entendre par titres ou obligations immédiatement réalisables ou négociables, ou par valeurs de premier ordre :

1° Les obligations ou titres du Gouvernement mexicain, et les obligations ou titres que ce même Gouvernement garantit en capital ou en intérêt;

2° Les obligations de nations ou sociétés étrangères qui se capitalisent à quatre pour cent ou à un taux inférieur, sur les marchés officiels ou ils sont cotés;

3° Les obligations des États et Municipalités de la Fédération qui se capitalisent à six pour cent ou à un taux inférieur ;

4° Les billets de banque, les obligations hypothécaires, les bons de caisse et les obligations gagées, pourvu que toutes les valeurs mentionnées soient émises par des institutions jouissant d'une concession fédérale;

5° Les actions ou obligations émises par les sociétés nationales, pourvu que ces titres soient cotés sur quelqu'un des marchés du pays ou de l'Étranger et qu'on ait distribué, pendant les cinq dernières années précédant l'acquisition de ces titres, des dividendes aux actions et l'intérêt régulier aux obligations.

Art. 103.

Le capital représenté par les divers titres de crédit émis par les Banques, se prescrira en faveur des Banques en dix ans à partir de la date à laquelle le paiement aura été exigible, sauf le cas prévu à l'article 22.

Les intérêts desdits titres se prescriront par cinq ans à dater de leur échéance, mais si ces intérêts ont été capitalisés, les délais de prescription du capital leur sera applicable.

Art. 103 *bis*.

Les dépôts sans intérêts reçus par les banques soumises à la présente loi, représentent des créances sur ces mêmes banques et jouissent d'un droit de préférence sur toutes autres créances, à l'exception des créances énumérées dans l'article 25 de cette loi, des billets émis par les Banques d'émission et des bons de caisse émis par les banques réfactionnaires, lesquels jouiront d'un droit de préférence vis-à-vis desdits dépôts.

Art. 104.

L'état de déconfiture ou la faillite n'empêcheront en aucun cas les banques dans l'exercice des droits que cette loi leur confère.

Art. 105.

Les exceptions des débiteurs de la Banque, dans le cas de vente publique, seront admises après que ces derniers auront payé la totalité de leurs dettes, le jugement relatif devant s'ensuivre, sans que, en raison desdites exceptions, soit empêchée l'exécution de la vente publique, ni que puisse être contestée sa validité.

Dans ces cas, la Banque sera éventuellement responsable, conformément à la loi, des dommages et préjudices causés au débiteur.

Art. 106.

Les redevances envers le Fisc Fédéral, le fisc des États et des communes jouiront d'un droit de préférence, dans l'ordre d'énumération, sur toutes les créances possédées par les banques, mais seulement à condition que ces redevances procèdent des contributions causées dans les trois dernières années. Les dettes envers le Fisc qui auraient des origines différentes jouiront du droit de priorité qui leur est reconnu par les lois.

Art. 107.

Deux banques ou plus ne pourront fusionner sans une préalable approbation du ministère des finances, soit que l'un des dits établissements reste existant et que les autres disparaissent, soit que de la fusion résulte une institution entièrement nouvelle.

Art. 108.

Si une banque n'accomplit pas quelqu'une des prescriptions ou conditions qu'exige la loi pour la sécurité ou l'avantage du public, sans que cela constitue un motif de déchéance de la concession aux termes de l'article suivant, le ministère des finances, après avoir entendu la banque intéressée, pourra la suspendre de tout ou partie de ses attributions, aussi longtemps qu'elle ne remplira pas les conditions légales.

Art. 109.

Les concessions qui autorisent l'existence des institutions de crédit, seront frappées de déchéance dans l'un ou l'autre des cas suivants :

1° Faute d'approbation dans le délai stipulé par l'article 10, relatif à l'organisation de la société anonyme en faveur de laquelle les concessions doivent être passées, quand celles-ci auront été octroyées à des particuliers.

Faute de présenter les statuts au secrétariat des finances un mois après la fondation de la Société.

Faute pour la société de commencer ses opérations, un mois après l'approbation des statuts par le ministre des Finances.

2° Dans le cas stipulé à l'article 18.

3° Pour excès dans la mise en circulation des titres de crédit en contrevenant à ce que disposent les articles 55, 61, 67 et 97.

4° Faute d'approbation préalable du ministère des Finances dans le cas de fusion définitive de deux sociétés.

5° Lors de la dissolution ou de la mise en liquidation des sociétés exploitant les dites concessions.

6° Dans les cas de faillite légalement déclarée.

7° Dans le cas où la majorité des actions aurait passé aux mains d'un gouvernement étranger.

La déchéance sera déclarée administrativement par le ministère des Finances, après audience préalable de la banque intéressée. Dans les cas du paragraphe 3 on devra remplir au préalable les formalités que prescrit l'article 18.

Art. 110.

Toute infraction aux dispositions de cette loi engage la responsabilité civile des membres du Conseil d'administration qui l'ont autorisée, et celle du gérant ou directeur qui l'a commise, à moins que ce dernier ait agi par ordre exprès du Conseil d'administration.

Ce qui précède s'entend sans préjudice de la responsabilité pénale qui peut être encourue selon les prescriptions des lois fédérales ou locales.

Art. 111.

Les membres du Conseil d'administration et les Sociétés en nom collectif ou en commandite dont ceux-ci font partie ne pourront, pendant la première année de l'établissement d'une banque, faire des opérations en vertu desquelles ils deviennent ou puissent devenir débiteurs de l'établissement, et, passé ce délai, ils ne pourront faire ces dites opérations qu'autant que leurs dettes ou engagements seront partagés par une autre firme de solvabilité reconnue, ou qu'ils fourniront une caution subsidiaire réelle pour le double du montant de leurs dettes ou engagements.

En tout cas, pour qu'une des personnes dont il s'agit à l'article précédent puisse faire une opération qui la mette en posture de débiteur présent ou futur de la Banque, il faudra l'accord unanime des membres présents à la séance du Conseil d'administration, relativement à l'acceptation de la firme proposée, ou des valeurs subsidiaires offertes, à moins que ces valeurs fassent partie de celles énumérées à l'article 102 *bis* de la présente loi.

Les Gérants ou Directeurs, ne pourront, pour aucun motif, faire des opérations personnelles à la Banque, ni engager leur firme propre avec la Banque; ils ne pourront pas non plus se constituer garants, dans n'importe quelle affaire.

Toute infraction à ces dispositions de la part d'un membre du Conseil, ou d'un gérant ou directeur, sera une cause de destitution de leur emploi, sans préjudice de la responsabilité établie à l'article précédent.

Art. 112.

Aucun membre du Conseil d'administration ne pourra entrer en fonctions, sans garantir au préalable sa gestion, en constituant à la Banque un dépôt soit en espèces, soit en actions de la Banque elle-même, pour le montant stipulé par les statuts.

Art. 113.

La surveillance de toutes les institutions de crédit est du ressort du Ministère des Finances qui remplira cet office à l'aide de Commissaires nommés, soit à titre permanent auprès de chaque banque, soit spécialement dans des cas déterminés, et auxquels le Ministère donnera les instructions nécessaires pour la plus grande efficacité de leur inspection.

Art. 114.

Les devoirs des Commissaires du Gouvernement, en plus de ceux que leur imposent cette loi, et les dispositions édictées par le Ministère des Finances, sont les suivants :

I. — Certifier le versement total ou partiel du capital social de la Banque.

II. — Assister aux vérifications de caisse que chaque institution doit pratiquer mensuellement, signer le procès-verbal de ces vérifications ainsi que les bilans mensuels qui font connaître l'état réel des opérations de la Banque.

III. — Veiller à ce que se fassent effectivement les vérifications extraordinaires de caisse qui seront expressément prescrites par le Ministère des Finances.

IV. — Exiger aussi souvent qu'ils le jugent convenable, la preuve des existences en caisse et celle des comptes qui font connaître la quantité et la valeur des titres de crédit émis par la Banque.

V. — Signer les titres de crédit qui doivent être mis en circulation après qu'ils auront été timbrés et examinés par les services gouvernementaux.

VI. — Veiller à ce que le montant des titres de crédit mis en circulation ne dépasse pas la quantité fixée pour chaque Banque, conformément aux bases et prescriptions établies dans la présente loi.

VII. — Vérifier personnellement et certifier l'annulation des titres de crédit et l'incinération ou destruction de ces titres et de leurs coupons, selon les cas, en approuvant le procès-verbal de destruction qui sera également signé par le directeur et le caissier ou le comptable de l'Établissement.

VIII. — Inscrire sur un livre spécial la désignation du nombre, de la série, et de la valeur des titres de crédit dont ils autorisent la circulation, et des titres annulés ou détruits.

IX. — Assister aux rachats et tirages au sort que les banques effectuent dans leurs locaux.

X. — Veiller à ce que les banques se conforment aux lois et règlements commerciaux et bancaires, aux prescriptions de la concession et des statuts, sans s'ingérer dans les opérations commerciales de la Banque, et porter immédiatement à la connaissance du Ministère des Finances toute infraction qu'ils auront relevée, infraction dont ils aviseront également le conseil d'administration de la Banque.

XI. — Aux mois de janvier et juillet faire un rapport minutieux de tout ce qu'ils auront fait dans l'exercice de leurs fonctions, pendant le semestre précédent; ce rapport contiendra les renseignements statistiques relatifs au mouvement des espèces, à la circulation des titres de crédit et les autres renseignements prescrits par les règlements.

Art. 115.

Il est expressément *interdit* aux Commissaires du Gouvernement :

1° D'accepter et remplir des charges, emplois ou commissions de l'État, où la Banque a établi son siège social, ses succursales ou agences;

2° De communiquer à qui que ce soit des données ou renseignements relatifs aux opérations de la Banque. Ils devront se borner à consigner par écrit ce qu'ils auront à communiquer au Secrétariat des Finances, en exécution de leur charge;

3° D'être actionnaires de la Banque qu'ils inspectent;

4° De faire des emprunts à l'établissement qu'ils inspectent, et d'être, à quelque titre que ce soit, ses débiteurs.

Art. 116.

Au cas où les Commissaires du Gouvernement auraient failli dans l'accomplissement de quelqu'une des obligations qui leur sont imposées par l'article 114, ou auraient enfreint quelqu'une des prescriptions de l'article 115, ils seront passibles de peines administratives à eux infligées par le Secrétariat des Finances. Ils pourront de plus être destitués, et cela, irrévocablement dans le cas des paragraphes 3 et 4 de l'article 115, et dans tous les cas, sans préjudice des responsabilités civiles et pénales que l'inspecteur peut avoir encourues.

Art. 117.

Les bilans mensuels que doivent publier les Institutions de Crédit comprendront au moins les renseignements suivants :

A l'actif :

I. — Le capital non versé;

II. — L'existant en numéraire, en exprimant les espèces dont il se compose;

III. — Les billets des autres banques;

IV. — Les titres ou obligations immédiatement réalisables ou négociables;

V. — Les documents escomptés;

VI. — Les prêts sur gages;

VII. — Les opérations hypothécaires;

VIII. — Les crédits en compte courant;

IX. — Les débiteurs divers;

X. — La valeur des immeubles;

XI. — La valeur des meubles;

XII. — Les comptes débiteurs impersonnels;

XIII. — Les comptes d'ordre.

Au passif :

I. — Le capital social;

II. — Le fonds de réserve obligatoire;

III. — Les autres fonds de réserve ou de prévoyance;

VI. — Les dépôts à vue ou à moins de trois jours de vue, en indiquant séparément ceux qui sont et ceux qui ne sont pas productifs d'intérêts;

V. — Les dépôts à plus de trois jours de vue;

VI. — Les billets de banque en circulation;

VII. — Les bons de caisse en circulation;

VIII. — Les obligations hypothécaires en circulation;

IX. — Les créditeurs divers;

X. — Les comptes créditeurs impersonnels;

XI. — Les comptes d'ordre.

Le Ministère des Finances peut ordonner le détail des comptes qui, conformément à cet article, doivent figurer au bilan.

Art, 118.

Les Commissaires du Gouvernement auront les mêmes pouvoirs que les lois et les statuts des banques accordent aux Commissaires des comptes.

Pour la revision des bilans, ils procéderont à la vérification des éléments de ces bilans, en comparant les soldes des comptes avec les livres; en général, toutes les fois que, pour l'exercice de la surveillance qui leur est recommandée, ils croiront nécessaire de prendre connaissance des comptes, de la correspondance, des actes, contrats et papiers de la Banque, ils demanderont par écrit au Directeur de la Banque de leur montrer les livres et documents requis; en cas de refus, ils s'adresseront au Ministre des Finances, en précisant le point qu'ils désirent examiner et le motif de l'investigation, afin que, si le Ministre le juge convenable, il requière la Banque, sous peine de se voir appliquer la suspension partielle ou totale prévue à l'article 108, de montrer au Commissaire du Gouvernement les comptes, livres ou documents dont il s'agira.

Art. 119.

Dans le cas de liquidation ou de dissolution d'une Banque, le Commissaire du Gouvernement représente les porteurs de titres de crédit en circulation, dans l'exercice de leurs droits, toutes les fois que les intéressés ne se présentent pour agir eux-mêmes ou ne sont pas représentés par un fondé de pouvoir spécial.

Art. 120.

Le Ministère des finances publiera annuellement un rapport sur la situation des Établissements de crédit de la République, et de plus, les renseignements statistiques et les notices remises par les inspecteurs.

CHAPITRE VI

Franchises et impôts.

Art. 121.

Le capital des institutions de crédit, les actions qui le représentent, les dividendes répartis et les divers titres de crédit émis, seront exempts de toute sorte d'impôts de la Fédération, des États et Municipalités, à l'exception de la contribution foncière à laquelle peuvent donner lieu les édifices où sont installés les services, et des impôts compris dans le revenu fédéral du Timbre, lesquels seront établis conformément aux lois y relatives, et à ce qui est stipulé aux articles suivants.

Art. 122.

Ne seront pas soumis à l'impôt du timbre, les documents dont les établissements de crédit font usage dans leur administration intérieure, ni ceux qu'échangent entre eux le siège social et les succursales et agences en dépendant, toutes les fois que ces documents ne créent pas des.

droits, que ce soit en faveur de la banque ou en faveur de tierces personnes étrangères à l'établissement, y compris les employés de cette banque, s'ils ont des intérêts dans l'affaire.

Art. 123.

Ne seront pas non plus soumis à l'impôt du timbre :

1° Les contrats que les institutions de crédit passeront avec le Gouvernement fédéral, avec les Gouvernements des États ou avec lec Municipalités de la République.

2° Les extraits des comptes, les notes de payement ou reçus, les traites, mandats ou billets à ordre, virements télégraphiques ou en toute autre forme, quand ces actes ou opérations se pratiquent avec le Gouvernement fédéral, avec les gouvernements des États, ou avec les municipalités de la République.

Art. 124.

Les billets de banque, les obligations hypothécaires, les certificats de dépôts et les bons de caisse que les établissements de crédit mettent en circulation, comme les chèques qu'elles tirent et ceux qu'on tire sur eux, porteront l'estampille prévue par les lois sur le timbre, mais avec cette limitation que, quelle que soit la valeur des dits titres ou documents, la valeur du timbre n'excédera pas 5 centavos.

Art. 125.

Les contrats de prêts, de caution, de gage ou d'hypothèque, passés par les institutions de crédit, ou en leur faveur, seront soumis à un droit de timbre de deux pour mille de leur montant, à moins que les lois sur cette matière ne viennent à fixer un taux inférieur. Les contrats eux-mêmes, quand ils sont faits sous seing privé, seront soumis seulement à l'impôt de un pour mille.

Art. 126.

Les États de la Fédération ne pourront frapper d'impôt les opérations de banque proprement dites que font les établissements de crédit, à l'exception des prêts sur garantie hypothécaire pour lesquels le montant de l'impôt n'excédera pas un quart pour cent du montant de l'opération.

Art. 127.

Sauf convention contraire, les honoraires des experts, notaires et autres personnes dont les services font l'objet d'un tarif de la part de la législation locale, et qui interviendront dans les opérations faites par les établissements de crédit, seront réduits aux deux tiers des prix autorisés par le tarif.

En aucun cas, on n'appliquera les dispositions autorisant l'augmentation des honoraires par le fait qu'une des parties contractantes est une société.

Art. 128.

Les exemptions ou diminutions d'impôts, dont parlent les articles précédents, dureront 25 années à compter de la date de cette loi et, en ce qui regarde les banques d'émission, ces exemptions et diminutions d'impôt profiteront seulement, selon le paragraphe 6 de l'article premier de la loi du 3 juin 1896, à la premiere Banque qui s'établira dans chacun des États de la République ou des Territoires fédéraux.

Art. 129.

Les concessions sollicitées pour établir d'autres banques d'émission dans un Etat quelconque ou territoire de la République, où existe une banque ne pourront être accordées qu'en soumettant les nouvelles banques au paiement de tous les impôts fixés par les lois générales, et en outre au paiement d'un impôt spécial en faveur de la Fédération, de 2 0/0 par an sur le montant du capital versé, selon les dispositions du paragraphe 6 de l'article premier de la loi du 3 juin 1896.

Cet impôt sera versé par trimestre échu, dans la forme que prescrit le règlement y relatif.

Articles transitoires.

I. — La Banque Nationale de Mexico, la Banque de Londres et Mexico et la Banque Internationale et Hypothécaire de Mexico, de même que les banques actuellement établies dans les États, qui ne feraient pas usage du droit que leur accorde l'article transitoire suivant, continueront à être régies par leurs contrats respectifs de concession et statuts, sauf à se soumettre, pour tout ce qui ne sera pas contraire auxdits statuts et concession, à la présente loi et aux autres dispositions de caractère général qui peuvent être prises en matière de banques.

II. — Aux effets de la partie finale de l'article 128 de cette loi, seront considérées comme premières banques d'émission, celles qui sont actuellement établies dans divers États de la République, quel que soit leur nombre, pourvu que dans les quatre mois suivant cette date, elles informent par écrit le secrétariat des finances qu'elles acceptent de modifier les concessions dont elles jouissent conformément aux exigences de la présente loi.

En conséquence, pendant la période indiquée de quatre mois, on n'accordera pas de concessions permettant que dans les États où actuellement existent des banques d'émission, il s'en établisse d'autres du même genre avec les franchises auxquelles ont droit les premières banques, à moins que celles-ci n'aient informé le secrétariat des finances qu'elles ne consentent pas à modifier, conformément aux exigences de la loi, les concessions dont elles jouissent.

IMPRIMERIE CHAIX, RUE BERGÈRE, 20, PARIS. — 26395-9-10. — (Encre Lorilleux).